Wer kennt und liebt sie nicht? Die kleinen süßen gelben Entchen, die schon beim Anschauen gute Laune verbreiten? Nun gibt es die kleinen Racker endlich mit dem Kuschelfaktor! Ruckzuck sind sie mit der Häkelnadel gezaubert und sind als witzige Geschenke oder süße Deko immer für einen Lacher gut. Ob als niedliche Putzfrau, zünftig in Lederhosen oder als coole DJ-Ente – entdecken Sie Ihren persönlichen Liebling.

Mit der einfachen Grundente haben Sie schnell den Bogen raus und können aus ihr kinderleicht jede Version zaubern, die Ihnen gefällt.

Carola Bern

Ente Grundform
quietschgelber Klassiker

GRÖSSE
9 cm

MATERIAL
- Schachenmayr Bravo (LL 133 m/50 g) in Gelb (Fb 8210) und Kürbis (Fb 8192), je 50 g
- Häkelnadeln 2,5 mm und 3,0 mm
- Stickgarn in Schwarz, Rest
- Wollnadel ohne Spitze
- Füllwatte

Feste Maschen in Spiralrunden
Dafür fM in Rd wie Spiralen häkeln und den Rd-Anfang mit einem Kontrastfaden markieren (siehe „So wird's gemacht").

Maschen verdoppeln
Dafür 2 fM in 1 Einstichstelle häkeln (siehe „So wird's gemacht").

2 feste Maschen zusammen abmaschen
Siehe „So wird's gemacht".

Anleitung
Kopf und Körper
Mit dem Kopf beginnen. Mit der Häkelnd 3,0 mm in Gelb 2 Lm anschl. Dann fM in Spiralrd häkeln.
1. Rd: 6 fM in die 2. Lm ab Nd häkeln.
2. Rd: Jede fM verdoppeln (= 12 fM).
3. Rd: Jede 2. fM verdoppeln (= 18 fM).
4. Rd: Jede 3. fM verdoppeln (= 24 fM).
5. Rd: Jede 4. fM verdoppeln (= 30 fM).
6.-9. Rd: Je 30 fM häkeln.
10. Rd: Jede 4. und 5. fM zusammen abmaschen (= 24 fM).
11. Rd: Jede 3. und 4. fM zusammen abmaschen (= 18 fM).
12. Rd: Jede 2. und 3. fM zusammen abmaschen (= 12 fM).
13.+14. Rd: Je 12 fM häkeln (= Hals).
15. Rd: Jede fM verdoppeln (= 24 fM).
16. Rd: Jede 2. fM verdoppeln (= 36 fM).
Den Kopf mit Füllwatte ausstopfen und den Bauch häkeln.
17. Rd: Jede 3. fM verdoppeln (= 48 fM).
18.-22. Rd: Je 48 fM häkeln.
23. Rd: Jede 5. und 6. fM zusammen abmaschen (= 40 fM).
24. Rd: Jede 4. und 5. fM zusammen abmaschen (= 32 fM).
25. Rd: Jede 3. und 4. fM zusammen abmaschen (= 24 fM).
26. Rd: Jede 2. und 3. fM zusammen abmaschen (= 16 fM).
Den Rest des Körpers mit Füllwatte ausstopfen und den Körper mit den folgenden 2 Rd schließen.
27. Rd: Je 2 fM zusammen abmaschen (= 8 fM).
28. Rd: Je 2 fM zusammen abmaschen (= 4 fM).
Nun das Teil beenden.

Bürzel
In der Mitte beginnen und fM in Spiralrd häkeln. Dafür mit der Häkelnd 3,0 mm in Gelb 2 Lm anschl.
1. Rd: 6 fM in die 2. Lm ab Nd häkeln.
2. Rd: Jede fM verdoppeln (= 12 fM).
3. Rd: Jede 4. fM verdoppeln (= 15 fM).
4. Rd: Jede 5. fM verdoppeln (= 18 fM).
5. Rd: Jede 6. fM verdoppeln (= 21 fM).
6. Rd: Jede 7. fM verdoppeln (= 24 fM).
7. Rd: 24 fM häkeln.
8. Rd: Jede 8. fM verdoppeln (= 27 fM).
9. Rd: Jede 9. fM verdoppeln (= 30 fM).
10. Rd: Jede 10. fM verdoppeln (= 33 fM).

Mein Tipp für Sie
Zum Quietschen Sie können auch eine Rassel oder einen Quietscher aus dem Bastelladen mit in den Körper einarbeiten.

BASIC

11. Rd: Jede 11. fM verdoppeln (= 36 fM).
12. Rd: 36 fM häkeln.
Den Bürzel beenden.

Schnabel

An der Spitze beginnen. Mit der Häkelnd 2,5 mm in Kürbis 2 Lm anschl. Nun fM in Spiralrd arb.
1. Rd: 6 fM in die 2. Lm ab Nd häkeln.
2. Rd: Jede 2. fM verdoppeln (= 9 fM).
3. Rd: 9 fM häkeln.
4. Rd: Jede 3. fM verdoppeln (= 12 fM).
5. Rd: 12 fM häkeln.
Den Schnabel beenden.

Flügel (2x)

In der Mitte beginnen und fM in Spiralrd häkeln. Dafür mit der Häkelnd 3,0 mm in Gelb 2 Lm anschl.
1. Rd: 6 fM in die 2. Lm ab Nd häkeln.
2. Rd: Jede fM verdoppeln (= 12 fM).
3. Rd: Jede 2. fM verdoppeln (= 18 fM).
4. Rd: Jede 3. fM verdoppeln (= 24 fM).
Den Flügel beenden.

Fertigstellen

Den Bürzel ausstopfen und hinten am Körper festnähen, somit wird die kleine Öffnung verdeckt. Anschließend den Schnabel an den Kopf nähen. Die Augen mit schwarzem Stickgarn im Knötchenstich aufsticken. Die Flügel seitlich an den Körper nähen, dabei nur ca. 2/3 des Rands festnähen, sodass sie hinten ein klein wenig abstehen.

Rasta-Ente

voll im Flow

MATERIAL

- Schachenmayr Bravo (LL 133 m/50 g) in Gelb (Fb 8210), Feuer (Fb 8221), Kürbis (Fb 8192), Schwarz (Fb 8226) und Grasgrün (Fb 8349), je 50 g
- Häkelnadeln 2,5 mm und 3,0 mm
- Stickgarn in Schwarz, Rest
- Wollnadel ohne Spitze
- Füllwatte

Anleitung

Kopf, Körper, Bürzel, Schnabel und Flügel nach den Angaben bei der Grundform jeweils mit Häkelnd 3,0 mm und 2,5 mm häkeln und Kopf und Körper entsprechend ausstopfen.

Kopf und Körper

1.-16. Rd: In Gelb häkeln.
17.-20. Rd: In Grasgrün häkeln.
21.-28. Rd: In Feuer häkeln.

Bürzel

1.-6. Rd: In Schwarz häkeln.
7.-12. Rd: In Feuer häkeln.

Schnabel

1.-5. Rd: In Kürbis häkeln.

Flügel (2x)

1.-4. Rd: In Gelb häkeln.

Mütze

Von oben ab Mitte nach unten zum Rand hin in Spiralrd häkeln. Dafür mit der Häkelnd 3,0 mm in Schwarz 2 Lm anschl.
1. Rd (Schwarz): 6 fM in die 2. Lm ab Nd häkeln.
2. Rd (Schwarz): Jede fM verdoppeln (= 12 fM).
3. Rd (Grasgrün): Jede 2. fM verdoppeln (= 18 fM).
4. Rd (Grasgrün): Jede 3. fM verdoppeln (= 24 fM).
5. Rd (Gelb): Jede 4. fM verdoppeln (= 30 fM).
6. Rd (Gelb): 30 fM häkeln.
7.+8. Rd (Feuer): Je 30 fM häkeln.
9.+10. Rd (Schwarz): Je 30 fM häkeln.
11.+12. Rd (Grasgrün): Je 30 fM häkeln.
13.+14. Rd (Gelb): Je 30 fM häkeln.
15+16. Rd (Feuer): Je 30 fM häkeln.
17.+18. Rd (Schwarz): Je 30 fM häkeln.
Die Mütze beenden.

Hinweis: Für einen ordentlichen Fb-Wechsel die letzte M der einen Fb schon in der folgenden Fb abmaschen.

Fertigstellen

Den Bürzel ausstopfen und hinten am Körper festnähen. Anschließend den Schnabel an den Kopf nähen. Die Brillengläser in schwarzem Plattstich lt. Abbildung aufsticken. Die Bügel und den Verbindungssteg zwischen den Gläsern in schwarzem Spannstich sticken. Die Flügel seitlich an den Körper nähen. Mit schwarzem Garn 8 Zöpfe flechten und gleichmäßig verteilt an den Mützenrand nähen, dabei vorne 4 cm aussparen. Die Mütze anschließend am Kopf festnähen.

VERKLEIDET

Sträflings-Ente

hinter Gittern

MATERIAL
- Schachenmayr Bravo
  (LL 133 m/50 g)
  in Gelb (Fb 8210),
  Schwarz
  (Fb 8226),
  Weiß (Fb 8224)
  und Kürbis
  (Fb 8192), je 50 g
  und Hellgrau
  meliert (Fb 8295),
  Rest
- Häkelnadeln
  2,5 mm und
  3,0 mm
- Stickgarn in
  Schwarz, Rest
- Wollnadel
  ohne Spitze
- Füllwatte

Anleitung

Kopf, Körper, Bürzel, Schnabel und Flügel nach den Angaben bei der Grundform jeweils mit Häkelnd 3,0 mm und 2,5 mm häkeln und Kopf und Körper entsprechend ausstopfen.

Kopf und Körper

1.-14. Rd: In Gelb häkeln.
15. Rd: In Weiß häkeln.
16. Rd: In Schwarz häkeln.
17. Rd: In Weiß häkeln.
18. Rd: In Schwarz häkeln.
19. Rd: In Weiß häkeln.
20. Rd: In Schwarz häkeln.
21. Rd: In Weiß häkeln.
22.-28. Rd: In Schwarz häkeln.

Bürzel

1.-6. Rd: In Gelb häkeln.
7.-12. Rd: In Schwarz häkeln.

Hinweis: Für einen ordentlichen Fb-Wechsel die letzte M der einen Fb schon in der folgenden Fb abmaschen.

Schnabel

1.-5. Rd: In Kürbis häkeln.

Flügel (2x)

1.-4. Rd: In Schwarz häkeln.

Mütze

Mit der unteren Randblende beginnen. Dafür mit der Häkelnd 3,0 mm in Schwarz 28 Lm anschl und mit 1 Km zum Ring schließen.

1. Rd: 1 Lm, 28 fM in den Ring häkeln, dabei in jede Lm des Anschlags einstechen. Die Rd mit 1 Km in die Anfangs-Lm schließen.
2. Rd: 1 Lm, 28 fM häkeln, wie die 1. Rd schließen. Die Blende beenden.

Den oberen Mützenteil getrennt häkeln. Dafür oben in der Mitte beginnen und mit der Häkelnd 3,0 mm in Weiß 2 Lm anschl. Nun fM in Spiralrd häkeln.

1. Rd: 6 fM in die 2. Lm ab Nd häkeln.
2. Rd (Schwarz): Jede fM verdoppeln (= 12 fM).
3. Rd (Weiß): Jede 2. fM verdoppeln (= 18 fM).
4. Rd (Schwarz): Jede 3. fM verdoppeln (= 24 fM).
5. Rd (Weiß): Jede 4. fM verdoppeln (= 30 fM).
6. Rd (Schwarz): Die 1. und 15. fM verdoppeln (= 32 fM).
7. Rd (Weiß): Jede 7. und 8. fM zusammen abmaschen (= 28 fM). Den oberen Mützenteil beenden.

Die Blende an die letzte Rd des oberen Teils nähen.

Hinweis: Den Fb-Wechsel wie beim Körper ausführen.

Kugel

Mit der Häkelnd 2,5 mm in Schwarz 2 Lm anschl. Nun fM in Spiralrd häkeln.
1. Rd: 6 fM in die 2. Lm ab Nd häkeln.
2. Rd: Jede fM verdoppeln (= 12 fM).
3. Rd: Jede 3. fM verdoppeln (= 16 fM).
4.-6. Rd: Je 16 fM häkeln.
7. Rd: Jede 3. und 4. fM zusammen abmaschen (= 12 fM).
8. Rd: Je 2 fM zusammen abmaschen (= 6 fM). Die Kugel beenden.

VERKLEIDET

Schild

Mit der Häkelnd 2,5 mm in Weiß 8 Lm anschl. Nun fM in R häkeln, dabei die 1. fM in die 2. Lm ab Nd arb = 7 fM. Zu jeder folgenden R mit 1 Lm wenden. Sie zählt nicht als fM. Nach der 3. R die Arbeit beenden.

Fertigstellen

Den Bürzel ausstopfen und hinten am Körper festnähen. Anschließend den Schnabel an den Kopf nähen. Die Augen in schwarzem Knötchenstich aufsticken. Die Flügel seitlich an den Körper nähen. Eine Nummer auf das Schild in Spannstich sticken und das Schild auf die Brust nähen. Die Mütze am Kopf festnähen.
Die Kugel mit Füllwatte ausstopfen. Für die Kette in Hellgrau meliert 8 Lm locker anschl und an die Kugel nähen, damit die Öffnung am Ende schließen.

Matrosen-Ente

ahoi, Seemann

MATERIAL
- Schachenmayr Bravo
  (LL 133 m/50 g)
  in Gelb (Fb 8210),
  Weiß (Fb 8224),
  Kürbis (Fb 8192),
  Feuer (Fb 8221)
  und Royal
  (Fb 8211), je 50 g
- Häkelnadeln
  2,5 mm und
  3,0 mm
- Stickgarn in
  Schwarz, Rest
- Wollnadel
  ohne Spitze
- Füllwatte

Anleitung

Kopf, Körper, Bürzel, Schnabel und Flügel nach den Angaben bei der Grundform jeweils mit Häkelnd 3,0 mm und 2,5 mm häkeln und Kopf und Körper entsprechend ausstopfen.

Kopf und Körper

1.-13. Rd: In Gelb häkeln.
14.+15. Rd: In Royal häkeln.
16.-28. Rd: In Weiß häkeln.

Bürzel

1.-5. Rd: In Gelb häkeln.
6.+7. Rd: In Royal häkeln.
8.-12. Rd: In Weiß häkeln.

Hinweis: Für einen ordentlichen Fb-Wechsel die letzte M der einen Fb schon in der folgenden Fb abmaschen.

Schnabel

1.-5. Rd: In Kürbis häkeln.

Flügel (2x)

1.-4. Rd: In Weiß häkeln.

Rettungsring

Mit der Häkelnd 3,0 mm in Feuer 10 Lm anschl und mit 1 Km zum Ring schließen.
1.-6. Rd (Feuer): 10 fM in den Ring häkeln, dabei in jede Lm des Anschlags einstechen. Dann fM in Spiralrd weiterarb.
7.-16. Rd (Weiß): Je 10 fM häkeln.
17.-22. Rd (Feuer): Je 10 fM häkeln.
23.-32. Rd (Weiß): Je 10 fM häkeln.
Den Schlauch mit Füllwatte ausstopfen. Dann den Anschlagrand und die letzte Rd zusammennähen (= Ring).

Hinweis: Den Fb-Wechsel stets wie beim Körper arb.

Mütze

Für die untere Randblende mit der Häkelnd 2,5 mm in Royal 30 Lm anschl und mit 1 Km zum Ring schließen.
1. Rd (Royal): 30 fM in den Ring häkeln, dabei in jede Lm des Anschlags einstechen. Dann fM in Spiralrd weiterarb.
2. Rd (Royal): 30 fM häkeln.
3. Rd (Weiß): 30 fM häkeln.
4. Rd (Weiß): Jede 3. fM verdoppeln (= 40 fM).
Den oberen Mützenteil getrennt häkeln. Dafür oben in der Mitte beginnen und mit der Häkelnd 2,5 mm in Weiß 2 Lm anschl. Nun fM in Spiralrd arb.
1. Rd: 6 fM in die 2. Lm ab Nd häkeln.
2. Rd: Jede fM verdoppeln (= 12 fM).
3. Rd: Jede 2. fM verdoppeln (= 18 fM).
4. Rd: Jede 3. fM verdoppeln (= 24 fM).
5. Rd: Jede 4. fM verdoppeln (= 30 fM).
6. Rd: Jede 3. fM verdoppeln (= 40 fM).
Den oberen Mützenteil beenden.
Die Blende an die letzte Rd des oberen Teils nähen.

Fisch

Am Maul beginnen. Dafür mit der Häkelnd 2,5 mm in Royal 2 Lm anschl. Für den Körper fM in Spiralrd häkeln.
1. Rd: 6 fM in die 2. Lm ab Nd häkeln.
2. Rd: Die 2., 4. und 6. fM verdoppeln (= 9 fM).
3. Rd: Die 2. und 6. fM verdoppeln (= 11 fM).
4. Rd: Die 2., 5. und 8. fM verdoppeln (= 14 fM).
5. Rd: Die 1. und 7. fM verdoppeln (= 16 fM).
6.-9. Rd: Je 16 fM häkeln.

UNTERWEGS

10. Rd: Jede 3. und 4. fM zusammen abmaschen (= 12 fM).
Den Fisch mit Füllwatte ausstopfen.
11. Rd: Je 2 fM zusammen abmaschen (= 6 fM).
12. Rd: 6 fM häkeln.
Nun die Schwanzflosse arb.
13. Rd: Jede fM verdoppeln (= 12 fM).
14. Rd: Jede 3. fM verdoppeln (= 16 fM).
15. Rd: Jede 4. fM verdoppeln (= 20 fM).
Den Fisch beenden.

Fertigstellen

Den Bürzel ausstopfen und hinten am Körper festnähen. Anschließend den Schnabel an den Kopf nähen. Die Augen in schwarzem Knötchenstich aufsticken. Eine rote Schleife im Plattstich längs und quer auf die Brust sticken. Die Flügel seitlich an den Körper nähen und mit 2 unterschiedlich langen Spannstichen in Royal verzieren, siehe Abbildung. Einen Bommel im Plattstich in Royal auf die Mützenspitze sticken. Die Mütze leicht schräg am Kopf festnähen.

Fußballer-Ente

vor, vor, noch ein Tor!

MATERIAL

- Schachenmayr Bravo (LL 133 m/50 g) in Gelb (Fb 8210), Kürbis (Fb 8192), Weiß (Fb 8224), Schwarz (Fb 8226) und Feuer (Fb 8221), je 50 g
- Häkelnadeln 2,5 mm und 3,0 mm
- Stickgarn in Schwarz, Rest
- Wollnadel ohne Spitze
- Füllwatte
- Zahnstocher

Anleitung

Kopf, Körper, Bürzel, Schnabel und Flügel nach den Angaben bei der Grundform jeweils mit Häkelnd 3,0 mm und 2,5 mm häkeln und Kopf und Körper entsprechend ausstopfen.

Kopf und Körper

1.-13. Rd: In Gelb häkeln.
14.+15. Rd: In Schwarz häkeln.
16.-21. Rd: In Weiß häkeln.
22.-28. Rd: In Schwarz häkeln.

Bürzel

1.-6. Rd: In Gelb häkeln.
7.-12. Rd: In Schwarz häkeln.

Hinweis: Für einen ordentlichen Fb-Wechsel die letzte M der einen Fb schon in der folgenden Fb abmaschen.

Schnabel

1.-5. Rd: In Kürbis häkeln.

Flügel (2x)

1.-4. Rd: In Gelb häkeln.

Frisur (3x)

Je 1 halbkugelförmiges Teil in Schwarz, Feuer und Gelb in fM in Spiralrd häkeln. Dafür mit der Häkelnd 3,0 mm 2 Lm in jeder Fb anschl.
1. Rd: 6 fM in die 2. Lm ab Nd häkeln.
2. Rd: Die 1. fM verdoppeln (= 7 fM).
3. Rd: Die 3. fM verdoppeln (= 8 fM).
4. Rd: Die 1. fM verdoppeln (= 9 fM).
5. Rd: Die 4. fM verdoppeln (= 10 fM).
Das Teil beenden.

Ball

Mit der Häkelnd 3,0 mm 2 Lm in Weiß anschl. Nun fM in Spiralrd arb.
1. Rd: 6 fM in die 2. Lm ab Nd häkeln.
2. Rd: Jede fM verdoppeln (= 12 fM).
3. Rd: Jede 3. fM verdoppeln (= 16 fM).
4.-6. Rd: Je 16 fM häkeln.
7. Rd: Jede 3. und 4. fM zusammen abmaschen (= 12 fM).
8. Rd: Je 2 fM zusammen abmaschen (= 6 fM). Den Endfaden hängen lassen.

Fahne

Mit der Häkelnd 3,0 mm 8 Lm in Schwarz anschl. Nun fM in R häkeln. Die 1. fM der 1. R in die 2. Lm ab Nd arb = 7 fM. Zu jeder folgenden R mit 1 Lm wenden. Sie zählt nicht als fM. In jede fM der Vor-R 1 fM häkeln.
1.+2. R (Schwarz): Je 7 fM häkeln.
3.+4. R (Feuer): Je 7 fM häkeln.
5.-8. R (Gelb): Je 7 fM häkeln.
9.+10. R (Feuer): Je 7 fM häkeln.
11.+12. R (Schwarz): Je 7 fM häkeln.
Die Fahne beenden.

Hinweis: Den Fb-Wechsel wie beim Körper ausführen.

Fertigstellen

Den Bürzel ausstopfen und hinten am Körper festnähen. Anschließend den Schnabel an den Kopf nähen. Die Augen in schwarzem Knötchenstich aufsticken. Die Flügel seitlich an den Körper nähen. Eine Zahl in schwarzem Spannstich auf die Brust und eine kleine Fahne in Schwarz, Feuer und Gelb seitlich auf den Kopf sticken. Je 1 Faden in Feuer, Gelb und Schwarz zu einem Zopf flechten und als Kette um den Hals binden. Die halbkugelförmigen Teile für die Frisur jeweils leicht mit Füllwatte ausstopfen und lt. Abbildung auf den Kopf nähen. Die Fahne zur Hälfte legen, an den offenen Seiten zusammennähen, dann auf einen Zahnstocher stecken. Den Fußball mit Füllwatte ausstopfen und die letzte Rd mit dem Fadenende zusammenziehen, dafür jedes Abmaschglied auffassen. Fäden vernähen. In Schwarz einige Punkte im Plattstich aufsticken.

Skater-Ente

Bretter, die die Welt bedeuten

MATERIAL
- Schachenmayr Bravo (LL 133 m/50 g) in Gelb (Fb 8210), Kürbis (Fb 8192), Grasgrün (Fb 8349), Weiß (Fb 8224), Feuer (Fb 8221) und Schwarz (Fb 8226), je 50 g
- Häkelnadeln 2,5 mm und 3,0 mm
- Stickgarn in Schwarz, Rest
- Wollnadel ohne Spitze
- Füllwatte

Anleitung

Kopf, Körper, Bürzel, Schnabel und Flügel nach den Angaben bei der Grundform jeweils mit Häkelnd 3,0 mm und 2,5 mm häkeln und Kopf und Körper entsprechend ausstopfen.

Kopf und Körper
1.-14. Rd: In Gelb häkeln.
15.-23. Rd: In Weiß häkeln.
24.-28. Rd: In Grasgrün häkeln.

Bürzel
1.-5. Rd: In Gelb häkeln.
6.-12. Rd: In Grasgrün häkeln.

Schnabel
1.-5. Rd: In Kürbis häkeln.

Flügel (2x)
1.-4. Rd: In Gelb häkeln.

Schirmmütze
Das obere Mützenteil zuerst häkeln. Dafür in der Mützenmitte beginnen und mit der Häkelnd 2,5 mm in Grasgrün 2 Lm anschl. Nun fM in Spiralrd arb.
1. Rd: 6 fM in die 2. Lm ab Nd häkeln.
2. Rd: Jede fM verdoppeln (= 12 fM).
3. Rd: Jede 2. fM verdoppeln (= 18 fM).
4. Rd: Jede 3. fM verdoppeln (= 24 fM).
5. Rd: Jede 4. fM verdoppeln (= 30 fM).
6.-11. Rd: Je 30 fM häkeln.
Den Mützenschirm extra häkeln. Dafür mit der Häkelnd 2,5 mm in Grasgrün 9 Lm + 2 Lm zum Wenden als Ersatz für die 1. fM anschl. Dann fM in R häkeln.
1. R: Die 1. fM in die 3. Lm ab Nd häkeln, dann in jede Lm 1 fM arb (= 10 fM).
2. R: Die letzten beiden fM zusammen abmaschen (= 9 fM).
3. R: Die letzten beiden fM zusammen abmaschen (= 8 fM).
Den gebogenen Rand mit 1 R fM umhäkeln, dabei jeweils über den Ecken (= Anfang und Ende der R) 2 fM in 1 Einstichstelle häkeln, sodass eine Rundung entsteht. Den Schirm lt. Abbildung an den Mützenrand nähen.

Skateboard
Mit der Häkelnd 3,0 mm in Feuer 2 Lm anschl. Nun fM in Spiralrd arb.
1. Rd: 6 fM in die 2. Lm ab Nd häkeln.
2. Rd: Jede fM verdoppeln (= 12 fM).
3. Rd: Jede 3. fM verdoppeln (= 16 fM).
4.-18. Rd: Je 16 fM häkeln.
19. Rd: Jede 3. und 4. fM zusammen abmaschen (= 12 fM).
20. Rd: Jede 2 fM zusammen abmaschen (= 6 fM).
Das Teil beenden.

Rad (4x)
Mit der Häkelnd 3,0 mm in Schwarz 2 Lm anschl.
1. Rd: 6 fM in die 2. Lm ab Nd häkeln.
2.+3. Rd: Je 6 fM häkeln.
Das Teil beenden.

Fertigstellen
Den Bürzel ausstopfen und hinten am Körper festnähen. Anschließend den Schnabel an den Kopf nähen. Die Augen in schwarzem Knötchenstich aufsticken. Eine Zahl in Feuer im Spannstich auf die Brust sticken. Die Flügel seitlich an den Körper nähen. Das Skateboard flach zur Hälfte legen und die Räder jeweils mit dem offenen Rand annähen. Die Mütze auf den Kopf setzen und den Rand annähen.

HOBBY

Koch-Ente
süß-sauer

MATERIAL
- Schachenmayr Bravo (LL 133 m/50 g) in Gelb (Fb 8210), Weiß (Fb 8224), Kürbis (Fb 8192) und Hellgrau meliert (Fb 8295), je 50 g
- Häkelnadeln 2,5 mm und 3,0 mm
- Stickgarn in Schwarz und Rot, Reste
- Wollnadel ohne Spitze
- Füllwatte

Anleitung

Kopf, Körper, Bürzel, Schnabel und Flügel nach den Angaben bei der Grundform jeweils mit Häkelnd 3,0 mm und 2,5 mm häkeln und Kopf und Körper entsprechend ausstopfen.

Kopf und Körper
1.-14. Rd: In Gelb häkeln.
15.-28. Rd: In Weiß häkeln.

Bürzel
1.-6. Rd: In Gelb häkeln.
7.-12. Rd: In Weiß häkeln.

Schnabel
1.-5. Rd: In Kürbis häkeln.

Flügel (2x)
1.-4. Rd: In Gelb häkeln.

Kochmütze
Mit dem unteren Mützenteil beginnen. Dafür mit der Häkelnd 3,0 mm in Weiß 28 Lm anschl und mit 1 Km zum Ring schließen.
1. Rd: In jede Lm des Anschlags 1 fM häkeln (= 28 fM), dann fM in Spiralrd arb.
2.+3. Rd: Je 28 fM häkeln.
Für das obere Mützenteil in der oberen Mitte beginnen. Dafür mit der Häkelnd 3,0 mm in Weiß 2 Lm anschl. Nun fM in Spiralrd häkeln.
1. Rd: 6 fM in die 2. Lm ab Nd häkeln.
2. Rd: Jede fM verdoppeln (= 12 fM).
3. Rd: Jede 2. fM verdoppeln (= 18 fM).
4. Rd: Jede 3. fM verdoppeln (= 24 fM).
5. Rd: Jede 4. fM verdoppeln (= 30 fM).
6. Rd: Jede 5. fM verdoppeln (= 36 fM).
7. Rd: Jede 6. fM verdoppeln (= 42 fM).
8.+9. Rd: Je 42 fM häkeln.
10. Rd: Jede 2. und 3. fM zusammen abmaschen (= 28 fM).
11. Rd: 28 fM häkeln.
Das Teil beenden. Nun das obere Teil an das untere nähen.

Topf
In der Bodenmitte beginnen und von unten nach oben fM in Spiralrd arb. Dafür mit der Häkelnd 3,0 mm in Hellgrau meliert 2 Lm anschl.
1. Rd: 6 fM in die 2. Lm ab Nd häkeln.
2. Rd: Jede fM verdoppeln (= 12 fM).
3. Rd: Jede 2. fM verdoppeln (= 18 fM).
4. Rd: Jede 3. fM verdoppeln (= 24 fM).
5. Rd: 24 fM häkeln, dabei jeweils hinten in das Abmaschglied der fM einstechen, damit ein kleiner Rand entsteht.
6.-10. Rd: Je 24 fM häkeln. Den Topf beenden.
Für den Deckel eine Kreisfläche aus fM in Spiralrd arb. Dafür mit der Häkelnd 3,0 mm in Hellgrau meliert 2 Lm anschl.
1. Rd: 6 fM in die 2. Lm ab Nd häkeln.
2. Rd: Jede fM verdoppeln (= 12 fM).
3. Rd: Jede 2. fM verdoppeln (= 18 fM).
4. Rd: Jede 3. fM verdoppeln (= 24 fM).
Das Teil beenden.

Fertigstellen
Den Bürzel ausstopfen und hinten am Körper festnähen. Den Schnabel an den Kopf nähen. Die Augen in schwarzem Knötchenstich aufsticken. Die Schleife im Plattstich in Rot längs und quer aufsticken. 6 Knöpfe in schwarzem Knötchenstich auf die Brust sticken. Die Flügel seitlich an den Körper, die Mütze auf den Kopf nähen. Für die Griffe des Kochtopfes und des Deckels 3 Lm-Ketten aus je 8 Lm mit der Häkelnd 2,5 mm häkeln. Diese entsprechend beidseitig an den Topf und in der Deckelmitte annähen.

Piraten-Ente

alles klar zum Entern!

MATERIAL
- Schachenmayr Bravo
  (LL 133 m/50 g)
  in Gelb (Fb 8210),
  Kürbis (Fb 8192),
  Feuer (Fb 8221),
  Weiß (Fb 8224),
  Schwarz
  (Fb 8226) und
  Braun (Fb 8281),
  je 50 g
- Häkelnadeln
  2,5 mm und
  3,0 mm
- Stickgarn in
  Schwarz, Rest
- Wollnadel
  ohne Spitze
- Füllwatte
- Zahnstocher

Anleitung

Kopf, Körper, Bürzel, Schnabel und Flügel nach den Angaben bei der Grundform jeweils mit Häkelnd 3,0 mm und 2,5 mm häkeln und Kopf und Körper entsprechend ausstopfen.

Kopf und Körper
1.-14. Rd: In Gelb häkeln.
15.-20. Rd: In Weiß häkeln.
21.-28. Rd: In Braun häkeln.

Bürzel
1.-6. Rd: In Gelb häkeln.
7.-12. Rd: In Braun häkeln.

Hinweis: Für einen ordentlichen Fb-Wechsel die letzte M der einen Fb schon in der folgenden Fb abmaschen.

Schnabel
1.-5. Rd: In Kürbis häkeln.

Flügel (2x)
1.-4.Rd: In Braun häkeln.

Mütze
In der Mützenmitte beginnen und mit der Häkelnd 3,0 mm in Feuer 2 Lm anschl. Dann fM in Spiralrd häkeln.
1. Rd: 6 fM in die 2. Lm ab Nd häkeln.
2. Rd: Jede fM verdoppeln (= 12 fM).
3. Rd: Jede 2. fM verdoppeln (= 18 fM).
4. Rd: Jede 3. fM verdoppeln (= 24 fM).
5. Rd: Jede 6. fM verdoppeln (= 28 fM).
6.-9. Rd: Je 28 fM häkeln.

Die letzte Rd mit 1 Km schließen und für die Schleife * 3 Lm, 1 Stb in die folgende M, 3 Lm und 1 Km in die folgende M häkeln, ab * 1x wdh. Dann das Teil beenden.

Fahne
Mit der Häkelnd 3,0 mm 11 Lm in Schwarz anschl. Dann fM in R häkeln. Die 1. fM der 1. R in die 2. Lm ab Nd arb = 10 fM. Zu jeder folgenden R mit 1 Lm wenden. Sie zählt nicht als fM. In jede fM der Vor-R 1 fM häkeln. Insgesamt 13 R über je 10 fM häkeln. Dann das Teil beenden.

Fertigstellen
Den Bürzel ausstopfen und hinten am Körper festnähen. Dann den Schnabel an den Kopf nähen. Das Auge in schwarzem Knötchenstich und die Augenklappe in schwarzem Platt- und Steppstich aufsticken. Auf die Brust 1 Schleife in Feuer im Plattstich längs und quer und 1 Knopf in braunem Kreuzstich aufsticken. Die Flügel seitlich an den Körper und die Mütze auf den Kopf nähen. Die Fahne zur Hälfte umklappen und an den offenen Seiten zusammennähen. Auf die Fahne und die Mütze jeweils in Weiß zwei Knochen über Kreuz im Spannstich aufsticken. Die Fahne auf einen Zahnstocher schieben und anstecken.

VERKLEIDET

Putzfrau-Ente

es ist Kehrwoche!

MATERIAL
- Schachenmayr Bravo (LL 133 m/50 g) in Gelb (Fb 8210), Kürbis (Fb 8192), Weiß (Fb 8224) und Pink (Fb 8305), je 50 g
- Häkelnadeln 2,5 mm und 3,0 mm
- Stickgarn in Schwarz, Rest
- Wollnadel ohne Spitze
- Füllwatte

Anleitung

Kopf, Körper, Bürzel, Schnabel und Flügel nach den Angaben bei der Grundform jeweils mit Häkelnd 3,0 mm und 2,5 mm häkeln und Kopf und Körper entsprechend ausstopfen.

Kopf und Körper
1.-19. Rd: In Gelb häkeln.
20.-28. Rd: In Weiß häkeln.

Bürzel
1.-6. Rd: In Gelb häkeln.
7.-12. Rd: In Weiß häkeln.

Hinweis: Für einen ordentlichen Fb-Wechsel die letzte M der einen Fb schon in der folgenden Fb abmaschen.

Schnabel
1.-5. Rd: In Kürbis häkeln.

Flügel (2x)
1.-4. Rd: In Gelb häkeln.

Kopftuch
In der Mitte beginnen und fM in Spiralrd häkeln. Dafür mit der Häkelnd 3,0 mm in Pink 2 Lm anschl.
1. Rd: 6 fM in die 2. Lm ab Nd häkeln.
2. Rd: Jede fM verdoppeln (= 12 fM).
3. Rd: Jede 2. fM verdoppeln (= 18 fM).
4. Rd: Jede 3. fM verdoppeln (= 24 fM).
5. Rd: Jede 6. fM verdoppeln (= 28 fM).
6.-12. Rd: Je 28 fM häkeln.
Die letzte Rd mit 1 Km schließen und für die Schleife * 3 Lm, 1 Stb in die folgende M, 3 Lm und 1 Km in die folgende M häkeln, ab * 1x wdh. Dann das Teil beenden.

Eimer
In der Bodenmitte beginnen und von unten nach oben fM in Spiralrd häkeln. Mit der Häkelnd 3,0 mm in Weiß 2 Lm anschl.
1. Rd: 6 fM in die 2. Lm ab Nd häkeln.
2. Rd: Jede fM verdoppeln (= 12 fM).
3. Rd: Jede 2. fM verdoppeln (= 18 fM).
4. Rd: 18 fM häkeln, dabei jeweils hinten in das Abmaschglied der fM einstechen, damit ein kleiner Rand entsteht.
5.-10. Rd: Je 18 fM häkeln.
Das Teil beenden.
Für den Henkel mit der Häkelnd 3,0 mm in Pink mit 1 Km an der letzten Eimer-Rd anschlingen, 15 Lm häkeln und an der Gegenseite wieder mit 1 Km anschlingen.

Fertigstellen
Den Bürzel ausstopfen und hinten am Körper festnähen. Für den Latz in der Brustmitte am Ende der weißen Fläche des Körpers mit der Häkelnd 3,0 mm in Weiß mit 1 Lm anschlingen. Für die 1. R 9 fM waagrecht aufhäkeln. Darüber noch 3 R fM aus je 9 M häkeln. Für die Bindebänder an der 1. und letzten M der letzten R je 1 Lm-Kette in Weiß anhäkeln und in rückwärtiger Mitte über dem Hals verknoten. In Pink im Margeritenstich ein Herzchen auf den Latz sticken und mit Spannstich füllen. Im Plattstich Pünktchen verteilt auf die Schürze sticken. Anschließend den Schnabel an den Kopf nähen. Die Augen in schwarzem Knötchenstich aufsticken.
Das Kopftuch mit weißen Pünktchen besticken und die Schleifenmitte mit weißem Garn dicht umwickeln. Faden gut vernähen. Das Kopftuch am Kopf festnähen. Die Flügel seitlich an den Körper nähen.

JOB

Franzosen-Ente

bonjour Monsieur

MATERIAL

- Schachenmayr Bravo
  (LL 133 m/50 g)
  in Gelb (Fb 8210),
  Kürbis (Fb 8192),
  Weiß (Fb 8224),
  Royal (Fb 8211),
  Schwarz
  (Fb 8226),
  Feuer (Fb 8221)
  und Braun
  (Fb 8281), je 50 g
- Häkelnadeln
  2,5 mm und
  3,0 mm
- Stickgarn in
  Schwarz und
  Rot, Reste
- Wollnadel
  ohne Spitze
- Füllwatte

Anleitung

Kopf, Körper, Bürzel, Schnabel und Flügel nach den Angaben bei der Grundform jeweils mit Häkelnd 3,0 mm und 2,5 mm häkeln und Kopf und Körper entsprechend ausstopfen.

Kopf und Körper

1.-13. Rd: In Gelb häkeln.
14. Rd: In Feuer häkeln.
15.+16. Rd: In Weiß häkeln.
17.+18. Rd: In Royal häkeln.
19.+20. Rd: In Weiß häkeln.
21.-28. Rd: In Schwarz häkeln.

Bürzel

1.-6. Rd: In Gelb häkeln.
7.-12. Rd: In Schwarz häkeln.

Hinweis: Für einen ordentlichen Fb-Wechsel die letzte M der einen Fb schon in der folgenden Fb abmaschen.

Schnabel

1.-5. Rd: In Kürbis häkeln.

Flügel (2x)

1.-4. Rd: In Gelb häkeln.

Baskenmütze

Mit der unteren Randblende beginnen. Dafür mit der Häkelnd 3,0 mm in Schwarz 30 Lm anschl und mit 1 Km zum Ring schließen. Dann fM in Spiralrd häkeln.
1. Rd: 30 fM häkeln, dabei in jede Lm des Anschlags einstechen.
2. Rd: 30 fM häkeln.
3. Rd: Jede 2. fM verdoppeln (= 45 fM).

Die Arbeit zunächst beenden. Nun das obere Mützenteil häkeln, dabei in der Mitte beginnen. Mit der Häkelnd 3,0 mm in Schwarz 2 Lm anschl. Dann fM in Spiralrd arb.
1. Rd: 6 fM in die 2. Lm ab Nd häkeln.
2. Rd: Jede fM verdoppeln (= 12 fM).
3. Rd: Jede 2. fM verdoppeln (= 18 fM).
4. Rd: Jede 3. fM verdoppeln (= 24 fM).
5. Rd: Jede 4. fM verdoppeln (= 30 fM).
6. Rd: Jede 5. fM verdoppeln (= 36 fM).
7. Rd: Jede 4. fM verdoppeln (= 45 fM).
Das Teil beenden und die Blende mit der letzten Rd an die letzte Rd des oberen Mützenteils nähen.

Baguette

Als Schlauch aus fM in Spiralrd häkeln. Dafür an einem Ende beginnen und mit der Häkelnd 2,5 mm in Braun 2 Lm anschl.
1. Rd: 6 fM in die 2. Lm ab Nd häkeln.
2. Rd: Die 1., 3., 4. und 6. fM verdoppeln (= 10 fM).
3.-18. Rd: Je 10 fM häkeln.
Nun den Schlauch zunächst mit Füllwatte ausstopfen.
19. Rd: Je 2 fM zusammen abmaschen (= 5 fM).
Die kleine Öffnung mit dem Fadenende schließen. Dafür mit der Wollnd jedes Abmaschglied auffassen, den Faden durchziehen, zusammenziehen und gut vernähen.

Fertigstellen

Den Bürzel ausstopfen und hinten am Körper festnähen. Dann den Schnabel an den Kopf nähen. Die Augen in schwarzem Knötchenstich und den Bart in schwarzem Spannstich aufsticken.

UNTERWEGS

Die Schleifenenden für das Tuch in rotem Margeritenstich, den Knoten in rotem Plattstich aufsticken.

Die Flügel seitlich an den Körper nähen. Die Baskenmütze leicht schräg am Kopf festnähen.

6 Einkerbungen in weißem Spannstich auf das Baguette sticken.

Häschen-Ente

süßer Hüpfer

MATERIAL
- Schachenmayr Bravo (LL 133 m/50 g) in Gelb (Fb 8210), Weiß (Fb 8224) und Pink (Fb 8305), je 50 g
- Häkelnadeln 2,5 mm und 3,0 mm
- Stickgarn in Schwarz, Rest
- Wollnadel ohne Spitze
- Füllwatte

Anleitung

Kopf, Körper, Bürzel, Schnabel und Flügel nach den Angaben bei der Grundform jeweils mit Häkelnd 3,0 mm und 2,5 mm häkeln und Kopf und Körper entsprechend ausstopfen.

Kopf und Körper

1.-18. Rd: In Gelb häkeln.
19.-28. Rd: In Pink häkeln.

Bürzel

1.-12. Rd: In Pink häkeln.

Schnabel

1.-5. Rd: In Pink häkeln.

Flügel (2x)

1.-4. Rd: In Gelb häkeln.

Schwänzchen

Mit der Häkelnd 3,0 mm in Weiß 2 Lm anschl. Nun fM in Spiralrd häkeln.
1. Rd: 6 fM in die 2. Lm ab Nd häkeln.
2. Rd: Jede fM verdoppeln (= 12 fM).
3.-5. Rd: Je 12 fM häkeln.
Nun mit Füllwatte satt ausstopfen.
6. Rd: Je 2 fM zusammen abmaschen (= 6 fM). Das Teil beenden.

Ohr (2x)

Mit der Häkelnd 3,0 mm in Pink 2 Lm anschl. Nun fM in Spiralrd häkeln.
1. Rd: 5 fM in die 2. Lm ab Nd häkeln.
2. Rd: Die 1. fM verdoppeln (= 6 fM).
3. Rd: 6 fM häkeln.
4. Rd: Die 1. fM verdoppeln (= 7 fM).
5.+6. Rd: Je 7 fM häkeln.
7. Rd: Die 1. fM verdoppeln (= 8 fM).
8. Rd: Die 1. fM verdoppeln (= 9 fM).
9. Rd: Die 1. fM verdoppeln (= 10 fM).
Band für die Ohren
Mit der Häkelnd 3,0 mm in Pink 11 Lm anschl. und 1 R fM häkeln, dabei die 1. fM in die 2. Lm ab Nd arb = 10 fM.

Fertigstellen

Den Bürzel ausstopfen und hinten am Körper festnähen. Dann den Schnabel an den Kopf nähen. Die Augen in schwarzem Knötchenstich aufsticken.
Die Abgrenzung zwischen Pink und Gelb in Weiß mit 2 Rd Km betonen, dabei in der vorderen Mitte 2 M etwas tiefer stechen. Die Flügel seitlich und das Schwänzchen hinten am Bürzel annähen. Das Band für die Ohren oben am Kopf annähen und daran mittig die beiden Ohren festnähen.

VERKLEIDET

Braut- und Bräutigam-Ente

endless Love

FAMILIE

MATERIAL
BRAUT-ENTE

- Schachenmayr Bravo (LL 133 m/50 g) in Gelb (Fb 8210), Weiß (Fb 8224), Kürbis (Fb 8192) und Feuer (Fb 8221), je 50 g
- Häkelnadeln 2,5 mm und 3,0 mm
- Stickgarn in Schwarz, Rest
- Wollnadel ohne Spitze
- Füllwatte

BRÄUTIGAM-ENTE

- Schachenmayr Bravo (LL 133 m/50 g) in Gelb (Fb 8210), Kürbis (Fb 8192), Schwarz (Fb 8226) und Hellgrau meliert (Fb 8295), je 50 g
- Häkelnadeln 2,5 mm und 3,0 mm
- Stickgarn in Schwarz, Rest
- Garn in Feuer und Weiß, Reste
- Wollnadel ohne Spitze
- Füllwatte

Braut-Ente

Kopf, Körper, Bürzel, Schnabel und Flügel nach den Angaben bei der Grundform jeweils mit Häkelnd 3,0 mm und 2,5 mm häkeln und Kopf und Körper entsprechend ausstopfen.

Kopf und Körper

1.-16. Rd: In Gelb häkeln.
17.-28. Rd: In Weiß häkeln.

Bürzel

1.-5. Rd: In Gelb häkeln.
6.-12. Rd: In Weiß häkeln.

Hinweis: Für einen ordentlichen Fb-Wechsel die letzte M der einen Fb schon in der folgenden Fb abmaschen.

Schnabel

1.-5. Rd: In Kürbis häkeln.

Flügel (2x)

1.-4. Rd: In Gelb häkeln.

Blume (5x in Feuer, 4x in Weiß)

Mit der Häkelnd 2,5 mm 12 Lm anschl und in die 4. Lm ab Nd 3 Stb häkeln, dann * in die folgende 2. Lm 1 Km, 3 Lm und 3 Stb häkeln, ab * noch 3x wdh. Die Blume beenden.

Schleier

Mit der Häkelnd 3,0 mm in Weiß 30 Lm anschl. Im Netzmuster aus Lm-Bogen und Km häkeln.
1. R: In die 10. Lm ab Nd 1 Km häkeln, * 6 Lm und in die folgende 5. Lm 1 fM häkeln, ab * 3x wdh, wenden.
2. R: * 6 Lm häkeln und in den Lm-Bogen 1 fM häkeln, ab * 4x wdh (= 5 Bogen), wenden.
3.-9. R: Jeweils die 2. R wdh, wenden.
10. R: 1 Lm, um jeden Lm-Bogen 2 fM häkeln (= 10 fM). Den Schleier beenden.

Herz

Mit der Häkelnd 3,0 mm in Feuer 2 Lm anschl. Nun fM in Spiralrd häkeln. Zunächst die oberen Rundungen 2x arb.
1. Rd: 6 fM in die 2. Lm ab Nd häkeln.
2. Rd: Jede fM verdoppeln (= 12 fM).
3. Rd: 12 fM häkeln.
Das Teil beenden. Nun die 1.-3. Rd noch einmal extra häkeln.
4. Rd: Über beide „Halbkugeln" zusammenhängend häkeln, dafür beide Teile mit der Öffnung nach oben nebeneinander legen (= 24 fM).
5. Rd: 24 fM häkeln. Dann darüber die Herzspitze arb.
6. Rd: Jede 7. und 8. fM zusammen abmaschen (= 21 fM).
7. Rd: Jede 6. und 7. fM zusammen abmaschen (= 18 fM).
8. Rd: Jede 5. und 6. fM zusammen abmaschen (= 15 fM).
9. Rd: Jede 4. und 5. fM zusammen abmaschen (= 12 fM).
Das Herz mit Füllwatte ausstopfen.
10. Rd: Jede 3. und 4. fM zusammen abmaschen (= 9 fM).
11. Rd: Jede 2. und 3. fM zusammen abmaschen (= 6 fM). Die Arbeit beenden.
Nun den Endfaden in die Wollnd fädeln, durch die Abmaschglieder ziehen und zusammenziehen. Faden sorgfältig vernähen.

Fertigstellen

Den Bürzel ausstopfen und hinten am Körper festnähen. Dann den Schnabel an den Kopf nähen. Die Augen in schwarzem Knötchenstich aufsticken. Die Flügel seitlich an den Körper nähen. Den Hals mit einer Rüsche mit der Häkelnd 2,5 mm in Weiß umranden. Dafür mit 1 Km anschlingen,

FORTSETZUNG FAMILIE

* in die folgende M 3 Lm und 3 Stb häkeln, in die folgende 3. fM 1Km arb, ab * 11x wdh = 12 Muscheln.
Den Schleier an der letzten R am Hinterkopf annähen. Die Blumen als Kranz im Wechsel in Rot und Weiß ab Schleierbeginn bis -ende um den Kopf nähen.

Bräutigam-Ente

Kopf, Körper, Bürzel, Schnabel und Flügel nach den Angaben bei der Grundform jeweils mit Häkelnd 3,0 mm und 2,5 mm häkeln und Kopf und Körper entsprechend ausstopfen.

Kopf und Körper

1.-13. Rd: In Gelb häkeln.
14.+15. Rd: In Weiß häkeln.
16.-28. Rd: In Schwarz häkeln.

Bürzel

1.-5. Rd: In Gelb häkeln.
6.-12. Rd: In Schwarz häkeln.

Hinweis: Für einen ordentlichen Fb-Wechsel die letzte M der einen Fb schon in der folgenden Fb abmaschen.

Schnabel

1.-5. Rd: In Kürbis häkeln.

Flügel (2x)

1.-4. Rd: In Hellgrau meliert häkeln.

Zylinder

In der oberen Mitte beginnen. Dafür mit der Häkelnd 3,0 mm in Hellgrau meliert 2 Lm anschl. Dann fM in Spiralrd arb.

1. Rd: 6 fM in die 2. Lm ab Nd häkeln.
2. Rd: Jede fM verdoppeln (= 12 fM).
3. Rd: Jede 2. fM verdoppeln (= 18 fM).
4. Rd: Jede 3. fM verdoppeln (= 24 fM).
5. Rd: Jede 6. fM verdoppeln (= 28 fM), dabei jeweils hinten in das Abmaschglied der fM einstechen, damit ein kleiner Rand entsteht.
6.-10. Rd: Je 28 fM häkeln.
11. Rd: 28 fM in Schwarz häkeln.
12. Rd: In Hellgrau meliert weiterarb, dabei für die Krempe jede 2. fM verdoppeln (= 42 fM).
13. Rd: Jede 3. fM verdoppeln (= 56 fM).
Das Teil beenden.

Blume (für den Hut)

Mit der Häkelnd 2,5 mm in Feuer 10 Lm anschl und in die 4. Lm ab Nd 3 Stb häkeln,* in die folgende 2. Lm 1 Km, 3 Lm und 3 Stb häkeln, ab * noch 2x wdh. Die Blume beenden.

Fertigstellen

Den Bürzel ausstopfen und hinten am Körper festnähen. Dann den Schnabel an den Kopf nähen. Die Augen in schwarzem Knötchenstich aufsticken. Die Schleife mittig in roten Spannstichen auf die Brust sticken und in der Mitte mit Querstichen festhalten.
2 Knöpfe unterhalb der Schleife in weißem Knötchenstich verteilt aufsticken. Die Flügel seitlich an den Körper nähen. Die Blume seitlich am Zylinder festnähen. Den Zylinder auf den Kopf setzen und unsichtbar annähen.

UNTERWEGS

Dirndl- und Lederhosen-Ente
o'zapft is!

**MATERIAL
DIRNDL-ENTE**

- Schachenmayr Bravo (LL 133 m/50 g) in Gelb (Fb 8210), Feuer (Fb 8221), Kürbis (Fb 8192), Braun (Fb 8281) und Weiß (Fb 8224), je 50 g
- Häkelnadeln 2,5 mm und 3,0 mm
- Stickgarn in Schwarz und Hellgrün, Reste
- Wollnadel ohne Spitze
- Füllwatte

LEDERHOSEN-ENTE

- Schachenmayr Bravo (LL 133 m/50 g) in Gelb (Fb 8210), Braun (Fb 8281), Weiß (Fb 8224), Hellgrau meliert (Fb 8295) und Kürbis (Fb 8192), je 50 g
- Häkelnadeln 3,0 mm und 2,5 mm
- Garn in Blau, Rest
- Stickgarn in Schwarz, Rest
- Wollnadel ohne Spitze
- Füllwatte

Dirndl-Ente

Kopf, Körper, Bürzel, Schnabel und Flügel nach den Angaben bei der Grundform jeweils mit Häkelnd 3,0 mm und 2,5 mm häkeln und Kopf und Körper entsprechend ausstopfen.

Kopf und Körper

1.-5. Rd: In Braun häkeln (= Haare).
6.-15. Rd: In Gelb häkeln.
16. Rd: In Weiß häkeln (= Bluse).
17.-28. Rd: In Feuer häkeln.

Bürzel

1.-5. Rd: In Gelb häkeln.
6. Rd: In Weiß häkeln.
7.-12. Rd: In Feuer häkeln.

Hinweis: Für einen ordentlichen Fb-Wechsel die letzte M der einen Fb schon in der folgenden Fb abmaschen.

Schnabel

1.-5. Rd: In Kürbis häkeln.

Flügel (2x)

1.-4. Rd: In Feuer häkeln.

Blume

Mit der Häkelnd 2,5 mm in Feuer 12 Lm anschl und in die 4. Lm ab Nd 3 Stb häkeln, dann * in die folgende 2. Lm 1 Km, 3 Lm und 3 Stb häkeln, ab * noch 3x wdh. Die Blume beenden.

Herz

Mit der Häkelnd 3,0 mm in Braun 4 Lm anschl und mit 1 Km zum Ring schließen. Dann in Rd wie folgt häkeln:
1. Rd (Braun): 3 Lm, 4 DStb, 3 Stb, 2 DStb, 3 Stb, 4 DStb häkeln, 3 Lm in den Ring häkeln. Die Rd mit 1 Km in den Rd-Beginn schließen.
2. Rd (Weiß): 3 Km, je 2 fM in die DStb, je 1 fM in die Stb, je 2 fM in die DStb, je 1 fM in die Stb, je 2 fM in die DStb, 3 Km häkeln, die Rd mit 1 Km in den Rd-Beginn schließen.

Fertigstellen

Den Bürzel ausstopfen und hinten am Körper festnähen. Dann den Schnabel an den Kopf nähen. Die Augen in schwarzem Knötchenstich aufsticken. Die Flügel seitlich an den Körper nähen.

Für den Spitzenausschnitt in Weiß und der Häkelnd 2,5 mm die vordere Hälfte der Bluse mit einer Rüsche umranden. Dafür mit 1 Km anschlingen, * 3 Lm und 3 Stb in die folgende M häkeln, in die folgende 3. fM 1Km arb, ab * 5x wdh.

In Braun einen langen Zopf flechten und so um den Kopf nähen, dass eine schöne Frisur mit seitlichen Schnecken entsteht. Anschließend die Blume seitlich auf die Frisur nähen. Das Herz mit 1 Blume und Blättern besticken, dabei die Blüte in rotem Margeritenstich, die Blütenmitte in weißem Knötchenstich, die Blätter in hellgrünem Margeritenstich und den Stiel im Spannstich ausführen. Für das Band 1 Lm-Kette mit der Häkelnd 2,5 mm in Weiß häkeln. Dann in der Herzmitte eine Fadenschlinge anbringen. Das Band durchziehen und um den Hals legen, in rückwärtiger Mitte zur Schleife binden.

Lederhosen-Ente

Kopf, Körper, Bürzel, Schnabel und Flügel nach den Angaben bei der Grundform jeweils mit Häkelnd 3,0 mm und 2,5 mm häkeln und Kopf und Körper entsprechend ausstopfen.

Kopf und Körper

1.-13. Rd: In Gelb häkeln.
14.-20. Rd: In Weiß häkeln.
21.-28. Rd: In Braun häkeln (= Lederhose).

Bürzel

1.-5. Rd: In Gelb häkeln.
6.-12. Rd: In Braun häkeln.

Hinweis: Für einen ordentlichen Fb-Wechsel die letzte M der einen Fb schon in der folgenden Fb abmaschen.

Schnabel

1.-5. Rd: In Kürbis häkeln.

Flügel (2x)

1.-4. Rd: In Gelb häkeln.

Hut

An der Spitze beginnen und zum unteren Rand hin häkeln. Dafür mit der Häkelnd 2,5 mm in Hellgrau meliert 2 Lm anschl. Dann fM in Spiralrd häkeln.
1. Rd: 6 fM in die 2. Lm ab Nd häkeln.
2. Rd: Die 1. und 3. fM verdoppeln (= 8 fM).
3. Rd: Die 1. und 4. fM verdoppeln (= 10 fM).
4. Rd: Die 1. und 5. fM verdoppeln (= 12 fM).
5. Rd: Die 1. und 6. fM verdoppeln (= 14 fM).
6. Rd: Die 1. und 7. fM verdoppeln (= 16 fM).
7. Rd: Die 1. und 8. fM verdoppeln (= 18 fM).
8. Rd: Jede 6. fM verdoppeln (= 21 fM).
9. Rd: Jede 7. fM verdoppeln (= 24 fM).
10. Rd: Jede 8. fM verdoppeln (= 27 fM).
11. Rd: Jede 9. fM verdoppeln (= 30 fM).
12.+13. Rd: Je 30 fM häkeln.
14. Rd: Jede 5. fM verdoppeln (= 36 fM).
15. Rd: Jede 6. fM verdoppeln (= 42 fM). Nun das Teil beenden.

Latz

Mit der Häkelnd 3,0 mm in Braun für 1 Träger (2x) 21 Lm anschl. Darüber 1 R fM häkeln, dabei die 1. fM in die 2. Lm ab Nd arb = 20 fM. Für den Verbindungssteg mit der Häkelnd 3,0 mm in Braun 8 Lm anschl. Darüber 2 R fM häkeln, dabei die 1. fM der 1. R in die 2. Lm ab Nd arb = je 7 fM. Den Verbindungssteg nach Abbildung zwischen die beiden Täger nähen.

Fertigstellen

Den Bürzel ausstopfen und hinten am Körper festnähen. Dann den Schnabel an den Kopf nähen. Die Augen in schwarzem Knötchenstich aufsticken. Den Latz an die Hose nähen und die Träger auf dem Rücken über Kreuz festnähen. Die Flügel seitlich an den Körper nähen. Eine Kordel in Blau und Weiß drehen und um den Hut binden, zum besseren Halt ab und zu durch 1 fM ziehen. Den Hut unsichtbar annähen.

FORTSETZUNG UNTERWEGS

Punk-Ente

jeder sollte eine haben!

MATERIAL
- Schachenmayr Bravo (LL 133 m/50 g) in Gelb (Fb 8210), Kürbis (Fb 8192), Schwarz (Fb 8226), Hellgrau meliert (Fb 8295) und Grasgrün (Fb 8349), je 50 g
- Häkelnadeln 2,5 mm und 3,0 mm
- Stickgarn in Schwarz, Rest
- Wollnadel ohne Spitze
- kleine Sicherheitsnadel als Verzierung
- Füllwatte

Anleitung

Kopf, Körper, Bürzel, Schnabel und Flügel nach den Angaben bei der Grundform jeweils mit Häkelnd 3,0 mm und 2,5 mm häkeln und Kopf und Körper entsprechend ausstopfen.

Kopf und Körper

1.-13. Rd: In Gelb häkeln.
14.+15. Rd: In Hellgrau meliert häkeln.
16.-28. Rd: In Schwarz häkeln.

Bürzel

1.-5. Rd: In Gelb häkeln.
6.+7. Rd: In Hellgrau meliert häkeln.
8.-12. Rd: In Schwarz häkeln.

Hinweis: Für einen ordentlichen Fb-Wechsel die letzte M der einen Fb schon in der folgenden Fb abmaschen.

Schnabel

1.-5. Rd: In Kürbis häkeln.

Flügel (2x)

1.-4. Rd: In Hellgrau meliert häkeln.

Frisur (3x)

Mit der Häkelnd 3,0 mm in Grasgrün 2 Lm anschl. Dann fM in Spiralrd häkeln.
1. Rd: 5 fM in die 2. Lm ab Nd häkeln.
2. Rd: Die 1. fM verdoppeln (= 6 fM).
3. Rd: Die 3. fM verdoppeln (= 7 fM).
4. Rd: Die 1. fM verdoppeln (= 8 fM).
5. Rd: Die 3. fM verdoppeln (= 9 fM).
Das Teil beenden.

Fertigstellen

Den Bürzel ausstopfen und hinten am Körper festnähen. Dann den Schnabel an den Kopf nähen. Die Augen in schwarzem Knötchenstich aufsticken. Die Flügel seitlich an den Körper nähen. Die 3 Teile der Frisur hintereinander mittig auf den Kopf nähen.
In Hellgrau meliert mit der Häkelnd 3,0 mm 1 Lm-Kette locker häkeln (ca. 50 Lm) und als Kette doppelt um den Hals wickeln.

Mein Tipp für Sie

Typisch Punk Eine kleine Sicherheitsnadel über dem linken Auge anbringen.

VERKLEIDET

Bademeister-Ente

nur noch kurz die Welt retten

MATERIAL

- Schachenmayr Bravo
  (LL 133 m/50 g)
  in Gelb (Fb 8210),
  Weiß (Fb 8224),
  Feuer (Fb 8221),
  Iris (Fb 8259) und
  Kürbis (Fb 8192),
  je 50 g
- Häkelnadeln
  2,5 mm und
  3,0 mm
- Stickgarn in
  Schwarz, Rest
- Wollnadel
  ohne Spitze
- Füllwatte

Anleitung

Kopf, Körper, Bürzel, Schnabel und Flügel nach den Angaben bei der Grundform jeweils mit Häkelnd 3,0 mm und 2,5 mm häkeln und Kopf und Körper entsprechend ausstopfen.

Kopf und Körper

1.-16. Rd: In Gelb häkeln.
17.-28. Rd: In Feuer häkeln.

Bürzel

1.-6. Rd: In Gelb häkeln.
7.-12. Rd: In Feuer häkeln.

Schnabel

1.-5. Rd: In Kürbis häkeln.

Flügel (2x)

1.-4. Rd: In Gelb häkeln.

Schirmmütze

Das obere Mützenteil zuerst häkeln. Dafür in der Mützenmitte beginnen und mit der Häkelnd 2,5 mm in Iris 2 Lm anschl. Dann fM in Spiralrd arb.
1. Rd: 6 fM in die 2. Lm ab Nd häkeln.
2. Rd: Jede fM verdoppeln (= 12 fM).
3. Rd: Jede 2. fM verdoppeln (= 18 fM).
4. Rd: Jede 3. fM verdoppeln (= 24 fM).
5. Rd: Jede 4. fM verdoppeln (= 30 fM).
6.-11. Rd: Je 30 fM häkeln.
Den Mützenschirm extra häkeln. Dafür mit der Häkelnd 2,5 mm in Iris 9 Lm + 2 Lm zum Wenden als Ersatz für die 1. fM anschl. Dann fM in R häkeln.
1. R: Die 1. fM in die 3. Lm ab Nd häkeln, dann in jede Lm 1 fM arb (= 10 fM).
2. R: Die letzten beiden fM zusammen abmaschen (= 9 fM).
3. R: Die letzten beiden fM zusammen abmaschen (= 8 fM).
Den gebogenen Rand mit 1 R fM umhäkeln, dabei jeweils über den Ecken (= Anfang und Ende der R) 2 fM in 1 Einstichstelle häkeln, sodass eine Rundung entsteht.
Den Schirm lt. Abbildung an den Mützenrand nähen.

Rettungsring

Mit der Häkelnd 3,0 mm in Iris 10 Lm anschl. und mit 1 Km zum Ring schließen.
1.-6. Rd (Iris): 10 fM in den Ring häkeln, dabei in jede Lm des Anschlags einstechen. Dann fM in Spiralrd weiterarb.
7.-16. Rd (Weiß): Je 10 fM häkeln.
17.-22. Rd (Iris): Je 10 fM häkeln.
23.-32. Rd (Weiß): Je 10 fM häkeln.
Den Schlauch mit Füllwatte ausstopfen. Dann den Anschlagrand und die letzte Rd zusammennähen (= Ring).

Hinweis: Beim Fb-Wechsel die letzte M der einen Fb schon mit der folgenden Fb abmaschen, damit ein exakter Fb-Übergang entsteht.

Fertigstellen

Den Bürzel ausstopfen und hinten am Körper festnähen. Dann den Schnabel an den Kopf nähen. Die Augen in schwarzem Knötchenstich aufsticken. Die Flügel seitlich an den Körper nähen. Die Mütze leicht schräg aufsetzen und den Rand am Kopf festnähen.

Hippie-Ente

don't worry be hippie!

MATERIAL
- Schachenmayr Bravo (LL 133 m/50 g) in Gelb (Fb 8210), Braun (Fb 8281), Kürbis (Fb 8192), Weiß (Fb 8224), Limone (Fb 8194) und Pink (Fb 8305), je 50 g
- Häkelnadeln 2,5 mm und 3,0 mm
- Stickgarn in Schwarz und Iris, Reste
- Wollnadel ohne Spitze
- Füllwatte

Anleitung

Kopf, Körper, Bürzel, Schnabel und Flügel nach den Angaben bei der Grundform jeweils mit Häkelnd 3,0 mm und 2,5 mm häkeln und Kopf und Körper entsprechend ausstopfen.

Kopf und Körper

1.-13. Rd: In Gelb häkeln.
14.+15. Rd: In Weiß häkeln.
16.-28. Rd: In Limone häkeln.

Bürzel

1.-4. Rd: In Gelb häkeln.
5.+6. Rd: In Weiß häkeln.
7.-12. Rd: In Limone häkeln.

Hinweis: Für einen ordentlichen Fb-Wechsel die letzte M der einen Fb schon in der folgenden Fb abmaschen.

Schnabel

1.-5. Rd: In Kürbis häkeln.

Flügel (2x)

1.-4. Rd: In Weiß häkeln.

Frisur

Mit der Häkelnd 3,0 mm in Braun 2 Lm anschl. Dann fM in Spiralrd häkeln, dabei in der Mitte beginnen.
1. Rd: 6 fM in die 2. Lm ab Nd häkeln.
2. Rd: Jede fM verdoppeln (= 12 fM).
3. Rd: Jede 2. fM verdoppeln (= 18 fM).
4. Rd: Jede 3. fM verdoppeln (= 24 fM).
5. Rd: Jede 4. fM verdoppeln (= 30 fM).
6.-11. Rd: Je 30 fM häkeln. Dann das Teil beenden.

Blume (2x in Pink, 1x in Weiß)

Mit der Häkelnd 2,5 mm 12 Lm anschl und in die 4. Lm ab Nd 3 Stb häkeln, dann * in die folgende 2. Lm 1 Km, 3 Lm und 3 Stb häkeln, ab * noch 3x wdh. Die Blume beenden.

Fertigstellen

Den Bürzel ausstopfen und hinten am Körper festnähen. Dann 3 Blüten (ø ca. 2,5 cm) in Pink vorne zwischen den Flügeln und auf dem Rücken 3 Blüten (ø ca. 2 cm) davon 2 in Pink und 1 in Iris im Margeritenstich aufsticken. Die Blütenmitten in Plattstich in Weiß betonen. Punkte verteilt in Iris aufsticken. Den Schnabel an den Kopf nähen. Die Augen in schwarzem Knötchenstich aufsticken. Die Flügel seitlich an den Körper nähen. 2 Zöpfe in Braun (= ca. 3 cm lang) flechten und in Pink abbinden, dann an die Frisur nähen. Nun die Frisur auf den Kopf setzen und annähen. Für das Haarband 1 Lm-Kette in Limone aus ca. 60 Lm häkeln, um die Frisur legen und in rückwärtiger Mitte verknoten. Die Blumen nach Abbildung über dem Band verteilt annähen.

VERKLEIDET

Baby-Ente

frisch geschlüpft

MATERIAL
- Schachenmayr Bravo (LL 133 m/50 g) in Gelb (Fb 8210), Pink (Fb 8305), Kürbis (Fb 8192) und Weiß (Fb 8224), je 50 g
- Häkelnadeln 2,5 mm und 3,0 mm
- Stickgarn in Schwarz, Rest
- Wollnadel ohne Spitze
- Füllwatte

Anleitung

Kopf, Körper, Bürzel, Schnabel und Flügel nach den Angaben bei der Grundform jeweils mit Häkelnd 3,0 mm und 2,5 mm häkeln und Kopf und Körper entsprechend ausstopfen.

Kopf und Körper
1.-13. Rd: In Gelb häkeln.
14.-28. Rd: In Pink häkeln.

Bürzel
1.-6. Rd: In Gelb häkeln.
7.-12. Rd: In Pink häkeln.

Schnabel
1.-5. Rd: In Kürbis häkeln.

Flügel (2x)
1.-4. Rd: In Pink häkeln.

Mütze
In der oberen Mitte beginnen und zum unteren Rand hin häkeln. Mit der Häkelnd 3,0 mm in Pink 2 Lm anschl. Nun fM in Spiralrd arb.
1. Rd: 6 fM in die 2. Lm ab Nd häkeln.
2. Rd: Jede fM verdoppeln (= 12 fM).
3. Rd: Jede 2. fM verdoppeln (= 18 fM).
4. Rd: Jede 3. fM verdoppeln (= 24 fM).
5. Rd: Jede 4. fM verdoppeln (= 30 fM).
6.-11. Rd: Je 30 fM häkeln.
Das Teil beenden.

Ohr (2x)
Mit der Häkelnd 3,0 mm in Pink 2 Lm anschl. Nun fM in Spiralrd arb.
1. Rd: 6 fM in die 2. Lm ab Nd häkeln.
2. Rd: Die 1., 3., 4. und 6. fM verdoppeln (= 10 fM).
3.-5. Rd: Je 10 fM häkeln.
Das Ohr beenden. Beide Ohren mit 4 M Abstand auf die Mütze nähen.

Lätzchen
Mit der Häkelnd 2,5 mm in Weiß 8 Lm anschl. Nun fM in R arb. Zu jeder folgenden R mit 2 Lm als Ersatz für die 1. fM wenden. Die letzte fM jeweils in die 2. Wende-Lm häkeln.
1. R: Die 1. fM in die 3. Lm ab Nd häkeln (= 7 fM).
2.-5. R: Je 7 fM häkeln.
Das Lätzchen noch mit 1 Rd fM umhäkeln, dabei über den Ecken je 2 fM in 1 fM häkeln. Für die Bindebänder an den oberen Ecken je 1 Lm-Kette von ca. 25 Lm anhäkeln. Das Teil beenden.

Schnuller
Zunächst den Lutschteil in Tropfenform häkeln. Dafür mit der Häkelnd 2,5 mm in Weiß 2 Lm anschl. Nun fM in Spiralrd arb.
1. Rd: 6 fM in die 2. Lm ab Nd häkeln.
2. Rd: Jede fM verdoppeln (= 12 fM).
3. Rd: Jede 3. fM verdoppeln (= 16 fM).
4. Rd: 16 fM häkeln.
5. Rd: Jede 3. und 4. fM zusammen abmaschen (= 12 fM).
6. Rd: Jede 5. und 6. fM zusammen abmaschen (= 10 fM).
7. Rd: Jede 4. und 5. fM zusammen abmaschen (= 8 fM).
Das Teil zunächst mit Füllwatte ausstopfen.
8. Rd: Jede 3. und 4. fM zusammen abmaschen (= 6 fM).
9. Rd: 6 fM häkeln.
Das Teil beenden.
Nun die Mundplatte 2x häkeln. Dafür mit der Häkelnd 2,5 mm in Pink 2 Lm anschl. Dann fM in Spiralrd arb.

FAMILIE

1. **Rd:** 6 fM in die 2. Lm ab Nd häkeln.
2. **Rd:** Jede fM verdoppeln (= 12 fM).
3. **Rd:** Jede 2. fM verdoppeln (= 18 fM).
4. **Rd:** Jede 3. fM verdoppeln (= 24 fM).

Wenn beide Teile gehäkelt sind, diese exakt aufeinander legen und am Außenrand zusammennähen. Lutschteil mittig unter die Platte nähen.
Nun den Ring für den Schnuller häkeln. Dafür mit der Häkelnd 2,5 mm in Weiß 18 Lm anschl und 1 R fM häkeln, dabei die 1. fM in die 2. Lm ab Nd arb = 17 fM. Nun den Streifen zum Ring zusammenlegen, sodass die 1. und letzte M zusammentreffen. Dann diesen Ring so mittig über der Platte festnähen.

Fertigstellen

Den Bürzel ausstopfen und hinten am Körper festnähen. Dann den Schnabel an den Kopf nähen. Die Augen in schwarzem Knötchenstich aufsticken. Die Flügel seitlich an den Körper nähen.
Nun die Mütze auf den Kopf setzen und annähen.
Ein Herzchen aus 2 Margeritenstichen, gefüllt mit je 1 Spannstich in Pink auf das Lätzchen sticken und umbinden.

Gärtner-Ente

Rasen mähen ist auch gärtnern

MATERIAL
- Schachenmayr Bravo (LL 133 m/50 g) in Gelb (Fb 8210), Weiß (Fb 8224), Braun (Fb 8281), Kürbis (Fb 8192), Feuer (Fb 8221) und Grasgrün (Fb 8349), je 50 g
- Häkelnadeln 2,5 mm und 3,0 mm
- Stickgarn in Schwarz, Rest
- Wollnadel ohne Spitze
- Füllwatte

Anleitung

Kopf, Körper, Bürzel, Schnabel und Flügel nach den Angaben bei der Grundform jeweils mit Häkelnd 3,0 mm und 2,5 mm häkeln und Kopf und Körper entsprechend ausstopfen.

Kopf und Körper

1.-14. Rd: In Gelb häkeln.
15.-20. Rd: In Weiß häkeln.
21.-28. Rd: In Grasgrün häkeln.

Bürzel

1.-6. Rd: In Gelb häkeln.
7.-12. Rd: In Grasgrün häkeln.

Hinweis: Für einen ordentlichen Fb-Wechsel die letzte M der einen Fb schon in der folgenden Fb abmaschen.

Schnabel

1.-5. Rd: In Kürbis häkeln.

Flügel (2x)

1.-4. Rd: In Gelb häkeln.

Hut

In der oberen Mitte beginnen und zur Krempe hin häkeln. Dafür mit der Häkelnd 3,0 mm in Braun 2 Lm anschl. Nun fM in Spiralrd häkeln.
1. Rd: 6 fM in die 2. Lm ab Nd häkeln.
2. Rd: Jede fM verdoppeln (= 12 fM).
3. Rd: Jede 2. fM verdoppeln (= 18 fM).
4. Rd: Jede 3. fM verdoppeln (= 24 fM).
5. Rd: Jede 6. fM verdoppeln (= 28 fM).
6.-9. Rd: Je 28 fM häkeln.
Nun die Krempe anhäkeln.
10. Rd: Jede 2. fM verdoppeln (= 42 fM).
11. Rd: Jede 3. fM verdoppeln (= 56 fM). Den Hut beenden.

Blume (für den Hut)

Mit der Häkelnd 2,5 mm in Weiß 10 Lm anschl und in die 4. Lm ab Nd 3 Stb häkeln,* in die folgende 2. Lm 1 Km, 3 Lm und 3 Stb häkeln, ab * noch 2x wdh. Die Blume beenden.

Blume (groß)

Zunächst die Blütenmitte arb. Dafür mit der Häkelnd 2,5 mm in Weiß 2 Lm anschl.
1. Rd (Weiß): 6 fM in die 2. Lm ab Nd häkeln, mit 1 Km zur Rd schließen.
2. Rd (Feuer): * 3 Lm, 1 Stb, 3 Lm, 1 Km in die folgende fM der Vor-Rd häkeln, ab * noch 5x wdh (= 6 Blätter). Die Blume beenden.

Fertigstellen

Den Bürzel ausstopfen und hinten am Körper festnähen. Für den Latz in der Brustmitte am Ende der grasgrünen Fläche des Körpers mit der Häkelnd 3,0 mm in Grasgrün mit 1 Lm anschlingen. Für die 1. R 9 fM waagrecht aufhäkeln. Darüber noch 3 R fM aus je 9 M häkeln. Für die Bindebänder an der 1. und letzten M der letzten R je 1 Lm-Kette in Grasgrün anhäkeln und in rückwärtiger Mitte über dem Hals verknoten. Dann den Schnabel an den Kopf nähen. Die Augen in schwarzem Knötchenstich aufsticken. Die Flügel seitlich an den Körper und die große Blume an den linken Flügel nähen. Für das Hutband eine Lm-Kette von 40 Lm in Feuer häkeln und am Beginn der Krempe um den Hut nähen. Die Blume seitlich am Hut über dem Band festnähen.

HOBBY

Bauarbeiter-Ente

schaffe, schaffe, Häusle baue

MATERIAL
- Schachenmayr Bravo
  (LL 133 m/50 g)
  in Gelb (Fb 8210),
  Kürbis (Fb 8192),
  Braun (Fb 8281),
  Iris (Fb 8259),
  Hellgrau meliert
  (Fb 8295) und
  Weiß (Fb 8224),
  je 50 g
- Häkelnadeln
  2,5 mm und
  3,0 mm
- Stickgarn in
  Schwarz, Rest
- Wollnadel
  ohne Spitze
- Füllwatte

Anleitung

Kopf, Körper, Bürzel, Schnabel und Flügel nach den Angaben bei der Grundform jeweils mit Häkelnd 3,0 mm und 2,5 mm häkeln und Kopf und Körper entsprechend ausstopfen.

Kopf und Körper

1.-14. Rd: In Gelb häkeln.
15.-20. Rd: In Weiß häkeln.
21.-28. Rd: In Iris häkeln.

Bürzel

1.-6. Rd: In Gelb häkeln.
7.-12. Rd: In Iris häkeln.

Hinweis: Für einen ordentlichen Fb-Wechsel die letzte M der einen Fb schon in der folgenden Fb abmaschen.

Schnabel

1.-5. Rd: In Kürbis häkeln.

Flügel (2x)

1.-4. Rd: In Kürbis häkeln.

Schaufel

Mit dem Schaufelblatt beginnen. Dafür mit der Häkelnd 2,5 mm in Hellgrau meliert 2 Lm anschl. Nun fM in Spiralrd arb.
1. Rd: 6 fM in die 2. Lm ab Nd häkeln.
2. Rd: Jede fM verdoppeln (= 12 fM).
3. Rd: Jede 3. fM verdoppeln (= 16 fM).
4.-6. Rd: Je 16 fM häkeln.
7. Rd: Jede 3. und 4. fM zusammen abmaschen (= 12 fM).
8. Rd: Jede 5. und 6. fM zusammen abmaschen (= 10 fM).
9. Rd: 10 fM häkeln.

Das Blatt beenden.
Nun für den Stiel mit der Häkelnd 2,5 mm in Braun 2 Lm anschl und fM in Spiralrd arb.
1. Rd: 6 fM in die 2. Lm ab Nd häkeln.
2.-15. Rd: Je 6 fM häkeln. Den Stiel beenden.
Nun den Griff häkeln. Dafür mit der Häkelnd 2,5 mm in Braun 2 Lm anschl und fM in Spiralrd arb.
1. Rd: 6 fM in die 2. Lm ab Nd häkeln.
2.-7. Rd: Je 6 fM häkeln. Mit der Wollnd die Abmaschglieder auffassen und den Endfaden durchziehen. Die M zusammenziehen. Den Faden gut vernähen.
Nun den Griff quer und mittig an den Beginn des Schaufelstiels nähen. Das Stielende an das Blatt nähen.

Helm

In der oberen Mitte beginnen und zum unteren Rand hin häkeln. Dafür mit der Häkelnd 3,0 mm in Weiß 2 Lm anschl. Nun fM in Spiralrd arb.
1. Rd: 6 fM in die 2. Lm ab Nd häkeln.
2. Rd: Jede fM verdoppeln (= 12 fM).
3. Rd: Jede 2. fM verdoppeln (= 18 fM).
4. Rd: Jede 3. fM verdoppeln (= 24 fM).
5. Rd: Jede 4. fM verdoppeln (= 30 fM).
6.-11. Rd: Je 30 fM häkeln.
Nun den Schirm arb. Dafür mit der Häkelnd 3,0 mm in Weiß 9 Lm anschl. Dann fM in R häkeln.
1. R: In die 3. Lm ab Nd die 1. fM häkeln (= 8 fM). Mit 1 Lm wenden.
2. R: Die ersten und letzten 2 fM zusammen abmaschen = 6 fM.
Nun den Schirm mit 1 R fM überhäkeln, dabei den Anschlagrand aussparen und über den oberen Ecken je 2 fM in 1 Einstichstelle arb, damit es jeweils eine kleine Rundung ergibt.

Das Teil beenden. Den Schirm an den Helm nähen.

Fertigstellen

Für den Latz in der Brustmitte am Ende der irisfarbenen Fläche des Körpers mit der Häkelnd 3,0 mm in Iris mit 1 Lm anschlingen. Für die 1. R 9 fM waagrecht aufhäkeln. Darüber noch 3 R fM aus je 9 M häkeln. Für die Träger mit der Häkelnd 3,0 mm in Iris je 13 Lm anschl und mit je 1 R fM behäkeln. Träger an den Latz und in rückwärtiger Mitte mit 3,5 cm Abstand zueinander an den Körper nähen. Am Trägeransatz je 1 Knopf in Schwarz aufsticken.

Den Bürzel ausstopfen und hinten am Körper festnähen. Dann den Schnabel an den Kopf nähen. Die Augen in schwarzem Knötchenstich aufsticken. Den Helm auf den Kopf setzen und annähen. Die Flügel seitlich an den Körper nähen.

DJane-Ente

thank you for the music

MATERIAL
- Schachenmayr Bravo (LL 133 m/50 g) in Braun (Fb 8281), Kürbis (Fb 8192), Schwarz (Fb 8226), Weiß (Fb 8224) und Pink (Fb 8305), je 50 g
- Häkelnadeln 2,5 mm und 3,0 mm
- Wollnadel ohne Spitze
- Füllwatte

Anleitung

Kopf, Körper, Bürzel, Schnabel und Flügel nach den Angaben bei der Grundform jeweils mit Häkelnd 3,0 mm und 2,5 mm häkeln und Kopf und Körper entsprechend ausstopfen.

Kopf und Körper

1.-14. Rd: In Braun häkeln.
15.+16. Rd: In Weiß häkeln.
17.-28. Rd: In Pink häkeln.

Bürzel

1.-6. Rd: In Braun häkeln.
7.-12. Rd: In Weiß häkeln.

Hinweis: Für einen ordentlichen Fb-Wechsel die letzte M der einen Fb schon in der folgenden Fb abmaschen.

Schnabel

1.-5. Rd: In Kürbis häkeln.

Flügel (2x)

1.-4. Rd: In Weiß häkeln.

Frisur

Mit der Häkelnd 3,0 mm in Schwarz 2 Lm anschl. Nun fM in Spiralrd arb, dabei von der Mitte aus häkeln.
1. Rd: 6 fM in die 2. Lm ab Nd häkeln.
2. Rd: Jede fM verdoppeln (= 12 fM).
3. Rd: Jede 2. fM verdoppeln (= 18 fM).
4. Rd: Jede 3. fM verdoppeln (= 24 fM).
5. Rd: Jede 6. fM verdoppeln (= 28 fM).
6.-11. Rd: Je 28 fM häkeln.
Das Teil beenden.

Kopfhörer (2x)

Mit der Häkelnd 2,5 mm in Weiß 2 Lm anschl. Nun fM in Spiralrd arb, dabei von der Mitte aus häkeln.
1. Rd: 6 fM in die 2. Lm ab Nd häkeln.
2. Rd: Jede fM verdoppeln (= 12 fM).
3.+4. Rd: Je 12 fM häkeln. Mit Füllwatte ausstopfen.
5. Rd: Je 2 fM zusammen abmaschen (= 6 fM). Nun den Bügel häkeln. Dafür mit der Häkelnd 2,5 mm in Weiß eine Lm-Kette aus 20 Lm anschl und mit 1 R fM behäkeln.

Fertigstellen

Für den Afro-Look die Frisur mit der Häkelnd 2,5 mm in Schwarz wie folgt behäkeln, dabei mit der letzten Rd beginnen: Mit 1 Km anschlingen, * 6 Lm, in die folgende 3. fM 1 Km häkeln, ab * so oft wdh, bis die ganze Frisur (= Grund) behäkelt ist.
Den Bürzel ausstopfen und hinten am Körper festnähen. Dann den Schnabel an den Kopf nähen. In Weiß 1 Sonnenbrille im Plattstich aufsticken. Die Brillenbügel und den Verbindungssteg zwischen den Gläsern in weißem Spannstich sticken. Die Flügel seitlich an den Körper nähen. Auf die Brust 1 Schleife aus 2 weißen Margeritenstichen sticken, diese mit Spannstich füllen und das Ende mit Plattstich betonen. Die Frisur auf den Kopf nähen. Jeweils in die Mitte der Kopfhörer 1 Stern aus 6 Spannstichen in Pink sternförmig aufsticken. Bügel und Kopfhörer über der Frisur annähen.

JOB

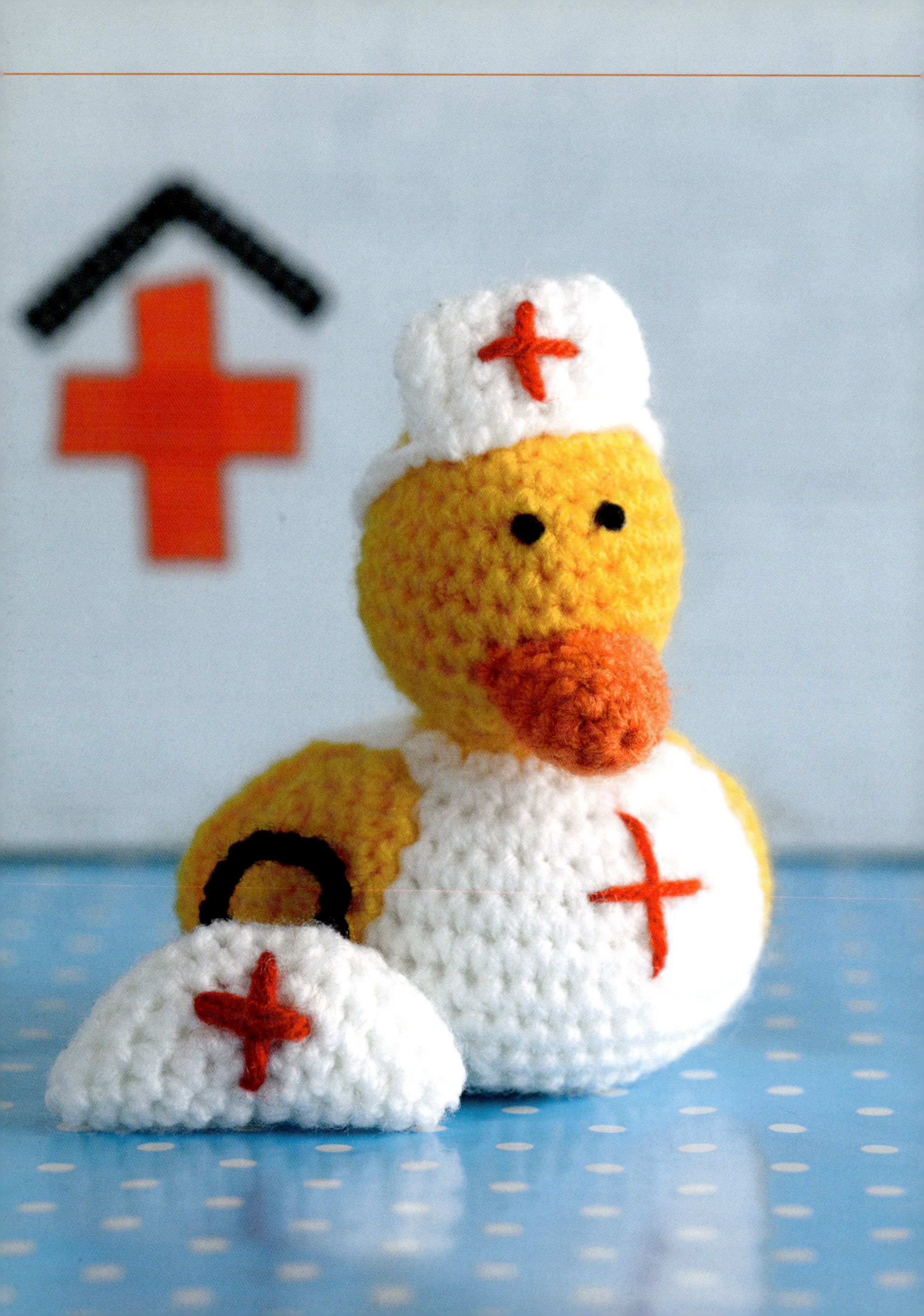

Krankenschwester-Ente

heile mit Eile

MATERIAL
- Schachenmayr Bravo (LL 133 m/50 g) in Gelb (Fb 8210), Kürbis (Fb 8192), Weiß (Fb 8224), je 50 g
- Häkelnadeln 2,5 mm und 3,0 mm
- Stickgarn in Schwarz und Rot, Reste
- Wollnadel ohne Spitze
- Füllwatte

Anleitung

Kopf, Körper, Bürzel, Schnabel und Flügel nach den Angaben bei der Grundform jeweils mit Häkelnd 3,0 mm und 2,5 mm häkeln und Kopf und Körper entsprechend ausstopfen.

Kopf und Körper

1.-14. Rd: In Gelb häkeln.
15.-28. Rd: In Weiß häkeln.

Bürzel

1.-5. Rd: In Gelb häkeln.
6.-12. Rd: In Weiß häkeln.

Hinweis: Für einen ordentlichen Fb-Wechsel die letzte M der einen Fb schon in der folgenden Fb abmaschen.

Schnabel

1.-5. Rd: In Kürbis häkeln.

Flügel (2x)

1.-4. Rd: In Gelb häkeln.

Tasche

Mit der Häkelnd 3,0 mm in Weiß 2 Lm anschl. Nun fM in Spiralrd häkeln.
1. Rd: 6 fM in die 2. Lm ab Nd häkeln.
2. Rd: Jede fM verdoppeln (= 12 fM).
3. Rd: Jede 2. fM verdoppeln (= 18 fM).
4. Rd: Jede 3. fM verdoppeln (= 24 fM).
5. Rd: Jede 4. fM verdoppeln (= 30 fM).
6. Rd: 30 fM häkeln.

Das Teil beenden.
Für den Henkel mit der Häkelnd 3,0 mm in Schwarz 10 Lm häkeln.

Haube

Mit der Häkelnd 2,5 mm in Weiß 10 Lm anschl. Nun fM in R häkeln, dabei die 1. fM der 1. R in die 3. Lm ab Nd arb = 9 fM. Darüber noch 6 R fM häkeln. Das Teil beenden und zur Hälfte legen. Die offenen Seiten zusammennähen. In die Mitte 1 rotes Kreuz aus Spannstichen sticken. Beidseitig an den unteren Ecken für die Bindebänder je 1 Lm-Kette aus 25 Lm anhäkeln.

Fertigstellen

Den Bürzel ausstopfen und hinten am Körper festnähen. Dann den Schnabel an den Kopf nähen. Die Augen in schwarzem Knötchenstich aufsticken. Die Flügel seitlich an den Körper nähen. Die Tasche zur Hälfte legen und die Ränder bis auf eine kleine Öffnung zusammennähen. Die Tasche mit Füllwatte ausstopfen, die restliche Öffnung schließen. In der Taschenmitte 1 rotes Kreuz aus Spannstichen mit doppeltem Faden aufsticken. Den Henkel annähen. Die Haube um den Kopf binden und festnähen. Auf die Brust ebenfalls 1 rotes Kreuz aus Spannstichen (etwas größer als die beiden anderen) sticken.

Oma-Ente

Silber im Haar und Gold im Herzen

MATERIAL
- Schachenmayr Bravo (LL 133 m/50 g) in Gelb (Fb 8210), Weiß (Fb 8224), Kürbis (Fb 8192) und Hellgrün (Fb 8194), je 50 g
- Häkelnadeln 2,5 mm und 3,0 mm
- Stickgarn in Schwarz, Rest
- Wollnadel ohne Spitze
- Füllwatte

Anleitung

Kopf, Körper, Bürzel, Schnabel und Flügel nach den Angaben bei der Grundform jeweils mit Häkelnd 3,0 mm und 2,5 mm häkeln und Kopf und Körper entsprechend ausstopfen.

Kopf und Körper
1.-14. Rd: In Gelb häkeln.
15.+16. Rd: In Weiß häkeln.
17.-28. Rd: In Hellgrün häkeln.

Bürzel
1.-6. Rd: In Gelb häkeln.
7.-12. Rd: In Hellgrün häkeln.

Hinweis: Für einen ordentlichen Fb-Wechsel die letzte M der einen Fb schon in der folgenden Fb abmaschen.

Schnabel
1.-5. Rd: In Kürbis häkeln.

Flügel (2x)
1.-4. Rd: In Hellgrün häkeln.

Frisur

Mit der Häkelnd 3,0 mm in Weiß 2 Lm anschl. Nun fM in Spiralrd arb.
1. Rd: 6 fM in die 2. Lm ab Nd häkeln.
2. Rd: Jede fM verdoppeln (= 12 fM).
3. Rd: Jede 2. fM verdoppeln (= 18 fM).
4. Rd: Jede 3. fM verdoppeln (= 24 fM).
5. Rd: Jede 4. fM verdoppeln (= 30 fM).
6.-11. Rd: Je 30 fM häkeln.
Das Teil beenden.
Für den Dutt mit der Häkelnd 2,5 mm in Weiß 2 Lm anschl. Nun fM in Spiralrd arb.
1. Rd: 6 fM in die 2. Lm ab Nd häkeln.
2. Rd: Jede fM verdoppeln (= 12 fM).
3. Rd: Jede 3. fM verdoppeln (= 16 fM).
4.-6. Rd: Je 16 fM häkeln.
7. Rd: Jede 3. und 4. fM zusammen abmaschen (= 12 fM). Nun satt mit Füllwatte ausstopfen.
8. Rd: Je 2 fM zusammen abmaschen (= 6 fM).

Fertigstellen

Den Bürzel ausstopfen und hinten am Körper festnähen. Dann den Schnabel an den Kopf nähen. Die Augen in schwarzem Knötchenstich aufsticken. Den Dutt an die Frisur, dann zusammen mit der Frisur auf den Kopf setzen und annähen. Für das Haarband 40 Lm in Hellgrün häkeln und um den Dutt binden. Die Brille in schwarzem Steppstich um die Augen sticken. Die Flügel seitlich an den Körper nähen.

FAMILIE

Carola Behn ist im schönen Nienburg an der Weser zuhause. Sie liebt es, kreativ zu sein und immer wieder Neues auszuprobieren. Ihre größte Leidenschaft gilt jedoch dem Häkeln, das sie schon seit ihrer Kindheit begleitet. Mit den Jahren hat sie sich immer mehr selbst beigebracht und angefangen, eigene Figuren und Kuscheltiere zu entwerfen. Mit viel Liebe zum Detail entstehen so echte Schätze, die jedem sofort ein Lächeln ins Gesicht zaubern. Unter Ihrem eigenen Label Lolalotte haben Ihre Kreationen eine eigene Heimat gefunden.
https://www.facebook.com/Lolalotte-626968577321252/?ref=bookmarks
www.lolalotte.com

TOPP – Unsere Servicegarantie

WIR SIND FÜR SIE DA! Bei Fragen zu unserem umfangreichen Programm oder Anregungen freuen wir uns über Ihren Anruf oder Ihre Post. Loben Sie uns, aber scheuen Sie sich auch nicht, Ihre Kritik mitzuteilen – sie hilft uns, ständig besser zu werden.

Bei Fragen zu einzelnen Materialien oder Techniken wenden Sie sich bitte an unseren Kreativservice, Frau Erika Noll.
mail@kreativ-service.info
Telefon 0 50 52 / 91 18 58

Das Produktmanagement erreichen Sie unter:
pm@frechverlag.de
oder:
frechverlag
Produktmanagement
Turbinenstraße 7
70499 Stuttgart
Telefon 07 11 / 8 30 86 68

LERNEN SIE UNS BESSER KENNEN! Fragen Sie Ihren Hobbyfach- oder Buchhändler nach unserem kostenlosen Magazin **Meine kreative Welt.** Darin entdecken Sie dreimal im Jahr die neuesten Kreativtrends und interessantesten Buchneuheiten.

Oder besuchen Sie uns im Internet! Unter **www.topp-kreativ.de** können Sie sich über unser umfangreiches Buchprogramm informieren, unsere Autoren kennenlernen sowie aktuelle Highlights und neue Kreativtechniken entdecken, kurz – die ganze Welt der Kreativität.

Kreativ immer up to date sind Sie mit unserem monatlichen **Newsletter.** Für aktuelle Infos, Gratis-Anleitungen und Gewinnspiele gleich anmelden unter
www.TOPP-kreativ.de/Newsletter

DANKE!

Wir danken der Firma MEZ GmbH für die Unterstützung bei diesem Buch:
www.schachenmayr.com
www.mezcrafts.com

IMPRESSUM

FOTOS: frechverlag GmbH, 70499 Stuttgart; lichtpunkt, Michael Ruder, Stuttgart
PRODUKTMANAGEMENT: Judith Wiedemann, Mareike Upheber
LEKTORAT: Edeltraut Söll, Offenburg
GESTALTUNG: Petra Theilfarth
DRUCK: GPS Group GmbH, Österreich

Materialangaben und Arbeitshinweise in diesem Buch wurden von der Autorin und den Mitarbeitern des Verlags sorgfältig geprüft. Eine Garantie wird jedoch nicht übernommen. Autorin und Verlag können für eventuell auftretende Fehler oder Schäden nicht haftbar gemacht werden. Das Werk und die darin gezeigten Modelle sind urheberrechtlich geschützt. Die Vervielfältigung und Verbreitung ist, außer für private, nicht kommerzielle Zwecke, untersagt und wird zivil- und strafrechtlich verfolgt. Dies gilt insbesondere für eine Verbreitung des Werkes durch Fotokopien, Film, Funk und Fernsehen, elektronische Medien und Internet sowie für eine gewerbliche Nutzung der gezeigten Modelle. Bei Verwendung im Unterricht und in Kursen ist auf dieses Buch hinzuweisen.

3. Auflage 2016

© 2016 **frechverlag** GmbH, Turbinenstraße 7, 70499 Stuttgart

ISBN 978-3-7724-6974-9 • Best.-Nr. 6974